MW01634855

info@lesmalins.ca

Éditeur : Marc-André Audet
Conception graphique et montage : Energik Communications
Couleurs : Claude Dupras

Dépôt légal – Bibliothèque et Archives nationales du Québec, 2014
Dépôt légal – Bibliothèque et Archives Canada, 2014

ISBN : 978-2-89657-147-5

Imprimé en Chine.

Nous reconnaissons l'aide financière du gouvernement du Canada par l'entremise du Fonds du livre du Canada pour nos activités d'édition.

Les éditions Les Malins
Montréal (Québec)

Fafounet

Visite chez le dentiste

Savais-tu que Fafounet,
comme toutes les autres vaches,
ne peut pas descendre un escalier ?
Oui, oui, c'est vrai.
C'est à cause de ses genoux.
Fafounet peut les plier quand il monte,
mais pas quand il descend.

C'est pour cela que si tu invites Fafounet
chez toi, il ne pourra pas
monter dans ta chambre.

#1

Boumbadaboum !
Qu'est-ce que c'est que ce gros bruit ?
Oh là là, c'est Fafounet
qui vient de tomber dans l'escalier !
Es-tu blessé, Fafounet ?

Tu bouges la queue, c'est bon signe.
Et tu souris...

boumbadaboum

Mais on dirait que tu t'es cassé une dent, Fafounet !
Toi aussi, tu la vois, la dent cassée de Fafounet, n'est-ce pas ?

Fafounet, je crois que tu vas devoir aller chez le dentiste.

Comment ?
Tu ne veux pas y aller ?

1

Fafounet tremble sur ses quatre pattes.
Pour lui, le dentiste est aussi terrifiant
que le boucher du coin de la rue !

Quand il ferme les yeux,
il se voit transformé en
sandwich au jambon !

#1

Fafounet et sa maman sont arrivés chez le dentiste. « **Bonjour, Fafounet** », lui dit Alexandre le dentiste.

« Mon petit doigt me dit que tu préférerais aller jouer au parc. Je me trompe ? »

« Eh bien, je te comprends. Moi aussi, je préférerais être au parc ! »
Fafounet se détend. Il voudrait même sourire, mais avec sa dent, il ne se trouve plus aussi mignon qu'avant.

DENT DE FAFOUNET
#1

Fafounet se demande quand même si Alexandre va le chicaner. Après tout, il a désobéi en s'aventurant dans l'escalier. Mais non, Alexandre le rassure.

« Ne t'inquiète pas, je vais m'occuper de ta dent, tu vas pouvoir sourire comme avant ! » Alexandre invite Fafounet à s'asseoir dans la grande chaise.

« Je reviens dans une petite minute, Fafounet », lui dit-il.

BIENVENUE
CHEZ ALEXANDRE
LE DENTISTE
#1

Pendant ce temps, Fafounet, curieux, explore les lieux. Il trouve à proximité de la chaise une télécommande. Intrigué, il appuie sur les boutons.

Oh ! Comme c'est drôle !

En appuyant sur le bouton jaune, la chaise monte, sur le vert, elle descend, sur le rouge, le dossier se penche vers l'arrière et sur le violet, il revient à sa position initiale.

BIENVE
CHEZ ALEXA
LE DENTISTE
1

Soudain, Fafounet a une idée de génie. Et s'il appuyait sur les quatre boutons en même temps ??? Excité par son idée, il se précipite sur le tableau des télécommandes et appuie simultanément sur les quatre boutons. La chaise monte, descend, virevolte, fait des soubresauts. Fafounet rit aux éclats. Il appuie à nouveau sur tous les boutons. La chaise recommence à monter, descendre, virevolter, tourner, zigzaguer, rouler.

Fafounet rit encore plus fort.

BIENVENUE
CHEZ ALEXANDRE
LE DENTISTE
1

CRAAAAAACCCCC !!!!!! OUPS !
La chaise est restée pliée...
et Fafounet est coincé
comme une sardine !!!!

Catastrophe de catastrophe !!!
Mais que faire ???

Alexandre le dentiste va vraiment être fâché. Vite, il faut trouver une solution. « Fafounet, j'arrive ! » dit Alexandre.

BIENVENUE
CHEZ ALEXANDRE
LE DENTISTE
#1

« Fafounet ?
Mais... que s'est-il passé ???? »
dit Alexandre le dentiste.

Malgré sa honte et sa crainte de se faire gronder, Fafounet affronte la situation. Plutôt que de cacher la vérité, il explique à Alexandre qu'il a joué avec la télécommande de la chaise.

« **AAAH** ! Tu sais, il ne faut pas jouer avec les boutons de la télécommande, Fafounet. Mais je suis très content que tu m'aies dit la vérité. Allez, je vais te décoincer. »

BIENVENUE
CHEZ ALEXANDRE
LE DENTISTE
#1

Alexandre le dentiste regarde les dents de Fafounet, puis répare la dent cassée en un tour de main.

« **Oh là là**, il va falloir te laver les dents plus souvent, Fafounet, et prendre le temps d'enlever toutes les saletés ! » Alexandre le dentiste sort de sa poche une petite boîte bleue.

Fafounet est curieux. Qu'est-ce qui peut bien se cacher là-dedans ?

#1

Quand on ouvre la petite boîte,
il y a une bobine de fil blanc :
c'est la soie dentaire.

Alexandre explique à Fafounet
comment bien se brosser les dents,
puis comment passer entre chacune
la soie dentaire pour déloger
la nourriture qui a échappé
aux gros poils de la brosse à dents.

Pour avoir de belles dents, toi aussi,
**tu dois passer la soie dentaire
au moins une fois par jour.**

#1

Alexandre le dentiste
demande à Fafounet d'ouvrir
le gros coffre au trésor de
pirate qui est dans son bureau.

Wow !
Il y a des brosses à dents de toutes
les couleurs à l'intérieur.
Fafounet choisit la rouge.

Et toi, quelle couleur préfères-tu ?

#1

Fafounet, heureux de sa visite, dit au revoir à Alexandre le dentiste. Ses dents sont maintenant brillantes et toutes réparées. Une fois dans la voiture, il sort sa petite boîte de soie dentaire de sa poche. Il coupe quelques fils. Il sort de la colle et du papier.

Et voilà !
Une belle carte pour Alexandre, pour lui dire un gros merci !

MERCI
ALEXANDRE
LE DENTISTE !
#1